ACADÉMIE DE PARIS.
FACULTÉ DES LETTRES.

COURS
D'HISTOIRE
DE LA
PHILOSOPHIE ANCIENNE.

École d'Alexandrie.

DISCOURS D'OUVERTURE

PRONONCÉ LE 23 DÉCEMBRE 1831

PAR M. H. PORET,

PROFESSEUR SUPPLÉANT.

PARIS.

PAPINOT, LIBRAIRE,

RUE DE SORBONNE, N° 14.

1832.

COURS D'HISTOIRE

DE LA

PHILOSOPHIE ANCIENNE.

⎯⎯◦⎯⎯

DISCOURS D'OUVERTURE.

MESSIEURS,

LE professeur célèbre qui a jeté tant d'éclat sur cette chaire a cru pouvoir me charger momentanément de son Cours. Je me prévaudrais de son choix auprès de vous, si j'avais la conscience de l'avoir mérité : malheureusement, il a mieux pensé de moi que moi-même. Constamment pénétré des difficultés de ma tâche, j'en suis surtout effrayé quand il m'arrive de songer à vos souvenirs; et si vous les preniez pour règle de vos jugemens, je n'aurais qu'à garder le silence. Je mettrai votre indulgence à l'épreuve, et j'ose pourtant m'y confier. Honoré de l'amitié de M. Cousin, je ne cesserai, au nom de vos

I.

intérêts, de réclamer ses avis et ses secours.
Dans ce que je dirai, le bien, s'il y en a, vien-
dra de lui et de ses conseils; le mal n'appartien-
dra qu'à moi. Vous verrez trop, Messieurs, sans
que je vous le dise, que je ne fais pas ici des le-
çons, mais des études par-devant le public.
Je serais heureux, si mes faibles efforts pouvaient aider quelqu'un d'entre vous à entrepren-
dre sur la philosophie ancienne des travaux
plus dignes d'attention.

L'ordre logique, c'est-à-dire en histoire l'ordre des temps, condamne sans doute le choix
que j'ai fait de l'Époque Alexandrine pour premier sujet de mon enseignement. C'est surtout
dans l'histoire de la philosophie que les événemens, qui sont ici les systêmes, dérivent les
uns des autres par une filiation non interrom-
pue. Pourquoi donc ne pas vous transporter
aux beaux siècles de la Grèce, ne pas vous
montrer la philosophie pleine d'avenir et de confiance? Je suis obligé d'alléguer d'abord une
considération toute personnelle : pressé par le
temps, j'ai dû prendre l'époque qui m'était la
moins nouvelle. Quelques recherches m'avaient
familiarisé avec un certain nombre de monu-

mens alexandrins; et ce motif, peu scientifique, je l'avoue, a contribué à me déterminer. Mais ensuite je n'ai pas manqué de raisons plus décisives. La philosophie, aux époques brillantes de l'ancienne Grèce, a dès long-temps fixé tous les regards. Platon, ses devanciers et ses premiers successeurs, méritaient et ont obtenu les prédilections de la critique moderne. Sans doute, en bien des questions, ses travaux laissent encore plus d'un nuage à dissiper; mais enfin il règne en général sur cette partie de l'histoire une clarté assez vive, et, si l'expression n'est pas étrange en matière pareille, suffisamment populaire. Ainsi l'on peut, jusqu'à un certain point, supposer connus les temps antérieurs, et pénétrer d'abord, sans trop de scrupules, dans la période alexandrine. Cette période, objet de préjugés sévères, est restée beaucoup plus obscure; elle appelle donc spécialement nos recherches, aujourd'hui qu'au prix de tant d'épreuves nous avons acquis la faculté de nous intéresser à ce qui ne nous ressemble pas. Pour être curieux de la philosophie alexandrine, il nous suffira de remarquer qu'elle vit le paganisme s'éteindre et le christianisme triompher, qu'elle fut présente à l'avénement du moyen-âge et reçut le dernier soupir du monde ancien. Telles sont, Messieurs, les considérations qui m'ont rassuré sur l'à-propos de mon sujet.

Mais une École philosophique n'est pas un accident isolé; elle tient à un ensemble de faits qui en expliquent l'existence, et dont elle-même est le complément. On en prendrait une idée peu exacte, si on la séparait de ce qui l'a environnée, si en l'étudiant on s'interdisait d'en considérer les rapports. Aujourd'hui, de plus, on serait infidèle à l'esprit du siècle. Que demandons-nous à l'histoire? Nous lui demandons avant tout de nous montrer le rapport des idées et des faits. Une curiosité toute spéculative nous est à peu près étrangère. Il faut donc replacer l'histoire de la philosophie dans son cadre, c'est-à-dire dans l'histoire générale. Comme objets d'étude, elles n'en restent pas moins deux choses distinctes : seulement elles s'éclairent l'une par l'autre, et leur union diminue le nombre des opinions étroites et des préjugés.

L'école d'Alexandrie est fille de l'époque qui l'a vue naître; cette époque, toute pleine d'origines et de révolutions, est par conséquent féconde en questions obscures. Cependant, plus on l'étudie, plus on est frappé d'un caractère

éminent qui la marque tout entière : ce caractère, c'est le mysticisme. La philosophie dé-
signe de ce nom en général un état des ames
où, fatiguées et détrompées de tout ce qu'elles
ont éprouvé, elles le prennent en mépris et
s'adressent à quelque chose d'inconnu dont
elles soupçonnent l'existence, pour en obtenir
une satisfaction qui réponde à leurs besoins
infinis. Au temps dont nous parlons, le mysticisme se manifestait principalement par un retour des esprits vers l'Orient, vénérable et antique patrie des religions. La Grèce, qui dans
l'histoire du monde ouvre l'époque occidentale,
la Grèce, dans sa fière jeunesse, avait d'abord ré-
pudié l'Orient. Art, gouvernement, religion,
philosophie, elle avait dépouillé toutes ces choses
des graves attributs dont l'Asie les environnait.
Elle s'était jouée des vieilles croyances; et, sans
conserver un point fixe, elle s'était livrée aux
chances variées de la réflexion. L'analyse lui
avait offert successivement divers fantômes, et
puis les avait fait évanouir; enfin elle s'était atta-
quée et détruite elle-même. Maintenant l'humanité était épuisée; dans sa détresse, elle invo-
quait ce que jadis elle avait insulté, et tournait
des regards pleins de regrets vers le berceau où

avait reposé son enfance. Or, c'est précisément
le mysticisme, l'esprit oriental, qui constitue
l'originalité philosophique de l'école d'Alexandrie : c'est donc par ce côté surtout qu'elle est
en rapport avec les faits contemporains. J'essaie-
rai aujourd'hui, en réveillant vos souvenirs par
une esquisse rapide, de vous montrer sous ce
point de vue l'harmonie de cette période de
l'histoire.

Sur le premier plan de l'histoire, se placent
les événemens politiques. Il semble d'abord qu'ils
n'ont rien à voir avec le mysticisme, et sans
doute il en est beaucoup auxquels on ne peut
imputer ce caractère. Mais les plus mémorables
se rangent parmi les causes de cette disposition
des esprits ; et, considérés tous ensemble, ils
manifestent visiblement une tendance orientale.

La décadence de l'Empire, à la fin du second
siècle et au commencement du troisième, est
devenue un lieu commun de l'histoire. Déjà
même sous les Antonins, au sein d'une prospé-
rité sans exemple, il paraît y avoir eu dans la
société un pressentiment confus de sa vieillesse
et de son déclin. Marc-Aurèle, jouissant de toutes les consolations de la vertu, s'entretient de

pensées moins hautes encore que mélancoli-
ques. Le temps se chargea bientôt de justifier
ces vagues pressentimens. Des tyrans insensés se
succédèrent à de courts intervalles, gaspillant
à plaisir les jours déja comptés de l'empire romain. C'est alors que le trône fut mis à l'encan
par les prétoriens. Le plus solide fondement de
la puissance romaine, la discipline militaire
n'existait plus; et souvent il en coûtait la vie au
prince qui essayait de la rétablir. L'autorité du
sénat n'était plus même une illusion. On per-
dait de vue les vieilles traditions, et l'oubli s'é-
tendait chaque jour jusqu'aux maximes impé-
riales. Des hommes de tous les pays passèrent
tour à tour sur le trône. On y vit deux Syriens,
un Goth, un Arabe : le contraste de l'efféminé
Héliogabale et du sauvage Maximin semble
une image du combat que l'esprit européen et
l'esprit asiatique se livraient au fond de la société. A mesure qu'on avance dans le troisième
siècle, l'histoire politique s'attriste de plus en
plus. Sous Décius et ses successeurs, l'Empire
fut atteint de coups mortels, et sa faiblesse fut
révélée. Les Goths parurent tout à coup au milieu de la mer Égée, portant sur tous les riva-
ges l'incendie et la destruction. Les Francs pil-

lèrent la Gaule et l'Espagne, et se montrèrent
à l'Afrique. En même temps, comme si tous les
Barbares s'entendaient sans se connaître, les
Perses tentaient de relever, aux dépens des Romains, l'empire qu'avait détruit Alexandre. L'em-
pereur Valérien vieillit et mourut leur prison-
nier. Deux fois Rome vit les Barbares à ses portes;
et peu après, le vaillant Aurélien n'hésita pas à
l'entourer de remparts. Chaque province réduite
au désespoir élevait un trône pour se donner
un défenseur. La Gaule seule eut cinq empereurs. L'Orient se sépare sous Odenat; et les
Arabes, qui suivent sa fortune, laissent entre-
voir ce qu'ils feront un jour, quand ils auront
trouvé Mahomet. Décimée par tous les fléaux,
la population décroît ou s'éteint; sans l'élévation
des belliqueux empereurs illyriens, l'unité de
l'Empire cessait d'exister. Quelles profondes im-
pressions ces temps désastreux devaient produire sur les ames! Entourées de ruines et de
misères, dégoûtées du monde réel qui les re-
poussait par la douleur, elles rêvaient sans doute
un bonheur plein de calme et de sérénité, à
l'abri des coups dont elles sentaient l'atteinte;
et l'enthousiasme religieux leur ouvrait un refuge dans ses immenses perspectives. Il est im-

possible de méconnaître dans les calamités de l'Empire l'une des causes les plus puissantes qui amenèrent ce résultat.

L'histoire politique en contient encore une autre. L'Orient avait été soumis par les armes romaines; mais à son tour il avait conquis ses vainqueurs. D'abord la république avait succombé, et l'Orient n'avait pas été sans influence dans cette révolution. Ensuite le principat, institué par Auguste, et dont le caractère équivoque convenait à une époque de transition, avait graduellement accompli sa métamorphose. Il en sortit d'abord le pouvoir absolu, et puis, par un progrès irrésistible, une monarchie tout orientale. Quand le Grec Dioclétien ceignit le diadème, il ne fit qu'arborer le signe de cette révolution. Sous lui, Rome fut privée de la présence des empereurs; et ce qui suit nous montre l'empire romain perdant toute vie européenne, et se retirant peu à peu de l'Occident pour aller achever en Orient ses destinées. Or, la politique orientale ne pouvait guère s'introduire dans le gouvernement qu'escortée par les idées qui vivaient auprès d'elle en Asie : les idées religieuses surtout devaient l'accompagner; car il n'en est point qui lui tiennent de plus près. Elles la suivirent donc dans le monde romain; et telle était la profondeur et la puissance de ces idées, qu'elles l'égalèrent ou plutôt la surpassèrent de bien loin en influence. Ainsi l'histoire politique, même isolée de tout le reste, nous laisse deviner d'avance l'esprit mystique qui est l'unité vitale de cette époque.

Prenons les choses par une autre face. L'art, on le sait, réfléchit à sa manière le caractère intime de la société. Hé bien, qu'était-il devenu? En Grèce, comme partout, issu de la religion, il en porta d'abord les chaînes. La liberté grecque lui donna l'essor: il brisa son enveloppe mythologique, et peu à peu, se dégageant des symboles qui le captivaient, il atteignit ce moment fortuné où l'idéal et le réel, le divin et l'humain, mélangés avec mesure et tempérés l'un par l'autre, ont pour l'homme le plus de charme et répondent le mieux à sa double nature. En poésie, Eschyle et Sophocle expriment avec bonheur deux momens de ce progrès: Eschyle, c'est la lutte de l'élément humain qui veut se faire jour et trouver place dans l'art; Sophocle, c'est l'accord paisible, l'harmonie des deux principes opposés. Mais déja dans Euripide le caractère religieux s'efface, la poésie s'abaisse et tient

trop à la terre. Tout à coup les conquêtes d'A-
lexandre rapprochent l'une de l'autre l'Asie et
la Grèce ; elles se touchent dans Alexandrie. En
se retrouvant en présence des mythes et des
symboles primitifs de l'Orient, les Grecs furent
frappés de leur grandeur. Sans doute l'art, tel
qu'ils l'avaient fait, leur parut alors superficiel et
appauvri : ils s'étudièrent donc à lui rendre sa
richesse et sa profondeur. Il ne s'agissait en ap-
parence que de rappeler et de multiplier les symboles ; mais qu'était-ce autre chose qu'imiter
l'antique ? Or, l'imitation nuisit, comme toujours,
à la naïveté, et jeta sur l'art grec, sans toutefois
détruire sa beauté, une teinte légère d'afféterie.
Une mythologie savante, étudiée, mystique,
puisqu'il faut le dire, y pénétra de toutes parts :
c'est l'époque de Callimaque et des idylles de
Théocrite. Le mérite de ces deux poëtes est sans
doute fort inégal ; mais ce qu'ils ont de commun, c'est de chercher la poésie par l'érudition.
Le même reproche s'adresse plus ou moins à tous
les poëtes de Rome. Au deuxième siècle, il n'est
plus question de poésie. Quant aux arts du des-
sin, les juges compétens vous diront que l'époque de leur histoire qui a reçu le nom d'*Alexandrine* se distingue par le même caractère ; savoir :

la recherche du symbole, c'est-à-dire l'archaïsme, c'est-à-dire encore, l'imitation. Ils fleurirent avec éclat sous les Antonins, et nulle époque peut-être ne nous a laissé plus de monumens; mais là aussi l'Orient a marqué son empreinte. Le musée du Capitole nous offre une collection de statues égyptiennes qui sont l'ouvrage des artistes du temps d'Adrien. Le génie grec, dans sa première audace, avait arraché à la divinité le masque hideux de la bête; et maintenant ces mains savantes s'employaient à le lui rendre, comme si l'humanité eût voulu se cacher à elle-même. En général les productions de cette époque manquent de spontanéité, et l'on y sent l'approche de la décadence. Tel est, grossièrement indiqué, l'état de l'art grec envahi par l'influence orientale.

Mais pénétrons enfin dans l'intérieur de la société; voyons ce qui se passait alors dans les esprits.

Une foule de témoignages déposent des souffrances morales dont les âmes étaient tourmentées. Dans la conscience publique, le polythéisme était convaincu d'impuissance, et sur ses débris régnaient à la fois l'incrédulité et la superstition. Les illusions qui enchantaient le monde païen s'étaient évanouies. Un petit nombre d'esprits fermes, dédaignant de se plaindre et souffrant en silence, n'avaient plus qu'une moquerie amère, un sourire sardonique pour les vaines cérémonies du culte déchu. Mais les autres hommes, c'est-à-dire à peu près le genre humain, gémissaient tout haut et ne pouvaient se résigner. On en voyait, nous dit Plutarque, se jeter nus sur les places publiques, se rouler dans la fange avec désespoir, s'accusant tout haut de leurs fautes, et criant qu'ils étaient maudits des dieux. Cependant ils ne se lassaient pas de chercher le secret qui devait les consoler; ils le demandaient à tous les cultes, même au vieil Olympe national, le plus connu de tous et le plus décrié. La partie secrète de l'ancienne religion fut recherchée avec soin et remise en honneur; l'Orient surtout, l'Orient avec ses cultes mystérieux, était l'objet d'une curiosité universelle. Dès le temps de la république, il avait fallu que la loi frappât les impures Dionysiaques; et deux fois le culte sombre de Sérapis avait été banni de Rome. Cependant tel était chez les peuples le besoin de l'inconnu, l'entraînement vers des croyances nouvelles, qu'il faisait braver les lois les plus sévères. Chaldéens, prêtres d'Isis, de la Déesse

Syrienne, de Mithra, astrologues et devins de toute espèce, se répandaient par bandes dans les provinces, promenant leurs idoles, qu'accueillait partout un avide enthousiasme. Ils prescrivaient des pratiques bizarres, distribuaient des talismans, des préservatifs. Les consciences troublées épuisaient tous les moyens extérieurs pour se mettre en paix avec elles-mêmes; elles ne s'effrayaient d'aucune épreuve, et il leur fallut le hideux Taurobole, où le suppliant était inondé du sang de la victime. Tous ces remèdes étaient impuissans, et rien ne fermait l'abîme qui s'était ouvert dans les ames.

L'Orient parut tout à coup sur le trône dans la personne de l'infâme Héliogabale. Le prêtre d'Émèse mit un instant le sénat et l'Empire aux pieds de son Dieu; mais c'était là l'Orient sous sa forme matérielle, et tel que des jongleurs le faisaient depuis long-temps pénétrer dans l'Empire, l'Orient souillé de toutes les impuretés des religions de la nature. Le vieil esprit romain se réveilla et en eut horreur. Héliogabale fut assassiné; et son parent, syrien comme lui, Alexandre Sévère, fut obligé d'abandonner le nouveau culte aux vengeances du sénat. Sans doute l'Asie devait donner à l'Europe sa foi religieuse ; mais il fallait d'abord qu'elle se transformât, que le Dieu-nature devint un Dieu spirituel et moral : c'est ce qu'opéra le christianisme. Par la route qu'avait ouverte l'invasion des cultes matériels de l'Orient, une croyance bien supérieure vint renouveler la face du monde. Dans le cours du troisième siècle, à travers les persécutions les plus cruelles, elle prit possession de la société; et quand vint le jour de son triomphe, Constantin n'eut qu'à proclamer un fait accompli.

Le christianisme, c'est la Grèce ajoutée à l'Orient, c'est l'Orient interprété, éclairci, et, à quelques égards, épuré par la Grèce. L'un et l'autre y ont leur part : celle de l'Orient est certainement très grande ; il tenta de la faire plus grande encore. Dès le premier siècle fut posée la redoutable question de l'origine du mal, source féconde d'hérésies, que tout le moyen-âge suffit à peine à tarir. Le gnosticisme, presque contemporain des apôtres, y répondit par deux solutions également empruntées à l'Asie : le système des émanations et le dualisme. Dans les cadres variés de la gnose entrèrent à

2

la fois les doctrines juives traditionnelles, celles
du Zend, et aussi, mais défigurée, la théorie
platonicienne des idées. Ces élémens se combi-
naient dans des proportions différentes, suivant
les diverses circonstances. En général, le platonisme dominait dans la gnose alexandrine; les
doctrines syriennes subissaient davantage l'influence du parsisme. Ce qu'avaient de commun
la plupart des sectes gnostiques, c'est qu'en pré-
tendant à des lumières supérieures, elles ne se
séparaient pas de l'église chrétienne; les autres
chrétiens étaient à leurs yeux des profanes et non
des hérétiques. Cette réserve même fut un ob-
stacle à leur succès. Le gnosticisme ne formant
pas une église à part, n'attirant pas les yeux par
une constitution extérieure, manqua de racines
populaires et dut bientôt disparaître; mais il se
survécut dans le manichéisme. Manès eut la
hardiesse d'isoler son autel; il affronta le péril
d'une organisation visible, et il en recueillit les
avantages. Fondateur d'une église puissante,
malgré les païens qui la repoussent comme un
don de la Perse ennemie, malgré les chrétiens
qui l'accablent d'anathèmes, il la voit se propa-
ger dans l'Empire. Elle souffre, combat, triomphe, succombe, et se relève tour à tour. Le plus

grand des Pères, saint Augustin, lui a d'abord appartenu. Enfin les rejetons de cette secte vivace, enfantée par le sol vigoureux de l'Orient, enlacèrent le christianisme de toutes parts, et, renaissant sous mille formes différentes, le poursuivirent jusqu'aux extrémités de l'Europe à travers une longue suite de siècles.

A l'époque où nous nous plaçons, le manichéisme n'était pas encore né; mais les gnostiques, tout en apportant leur tribut au christianisme, suffisaient à troubler l'Église. Saint Clément, Origène, luttaient péniblement contre leurs doctrines, et s'y laissaient par fois entraîner. Ils admettaient, par exemple, le principe fondamental de leurs adversaires; savoir: une doctrine secrète régulièrement transmise par les apôtres, non pas opposée, mais supérieure à la croyance vulgaire, en propres termes, la distinction de la foi et de la science, πίστις καὶ γνῶσις. En Occident, le gnosticisme avait moins de prise : là écrivait Tertullien, avec sa haine profonde de toute philosophie. L'Occident se montrait impatient d'en finir avec les discussions, acceptant la lettre sans éclaircir l'esprit, prenant les dogmes au sens matériel, pressé surtout d'appliquer au

christianisme son génie législateur. Les spéculations théosophiques qui séduisaient l'imagi-
nation des Grecs étaient violemment repoussées
par l'église latine. Si cette résistance n'eût été
portée à l'excès, il n'est pas facile de compren-
dre comment le christianisme se fût préservé
d'un alliage qui en altérait la nature.

Ainsi l'histoire politique laisse déja voir une
influence que le génie de Rome avait jusque-là
dominée, et contre laquelle il se défendait encore. L'art a depuis long-temps subi une alté-
ration sensible. La religion populaire n'est plus
que ruines et confusion ; et la société, déshé-
ritée de ses principes et avide de croyances,
tend les bras au mystérieux Orient. En même
temps un culte nouveau s'élève au milieu des
obstacles, et conduit l'Orient, qu'il a sanctifié,
à la conquête de l'Empire.

Dans ce déclin de l'antiquité, la philosophie
avait subi la destinée commune. On retrouve
encore, dans la période qui précède immédia-
tement, les noms des différentes sectes de la
Grèce ; mais elles se survivent comme des om-
bres. Il y eut des platoniciens, presque tous
sans originalité et sans foi philosophique.
Beaucoup de ceux qui prirent ce titre ne fu-

rent, à vrai dire, que des rhéteurs. Platon
leur servait de texte pour étaler leur esprit et
amuser leur auditoire. L'histoire recueille, au
milieu du vague de leurs écrits, plutôt des
tendances que des résultats. Le Lycée fut re-
présenté par de laborieux commentateurs presque exclusivement occupés d'éclaircir les ou-
vrages d'Aristote, et qui n'étaient pas toujours
d'accord sur la pensée de leur maître, soit par
leur faute, soit à cause de l'obscurité de ses
écrits et des altérations qu'ils avaient éprou-
vées. La tâche utile qu'ils s'imposaient ne
pouvait jeter un vif éclat. Ces deux sectes
faisaient peu de prosélytes hors de l'enceinte
des écoles; au contraire, le stoïcisme et surtout
l'épicuréisme s'étaient beaucoup répandus. La
Grèce, en communiquant aux Romains ses
doctrines, n'avait pu leur donner son génie
philosophique. Incapables de cultiver la science
pour elle-même, ce qu'ils cherchaient surtout,
c'était des préceptes, des règles qu'on pût appliquer sans longues déductions. A ce titre,
l'épicuréisme et le stoïcisme formèrent la plus
grande part de ce qu'on n'ose guère appeler
la philosophie romaine. Le premier devint le
système et l'excuse des hommes corrompus;

les ames d'élite s'attachèrent au second ; et, par bonheur pour l'humanité, quelques uns de ses principes les plus sages pénétrèrent dans une législation qui gouvernait alors une grande partie de la terre. Il ne faut demander aux Romains aucune originalité spéculative ; mais ils se chargèrent d'appliquer la philosophie, et c'est là surtout qu'elle se trouva en défaut. L'épicuréisme ne parut chez eux que sous la forme d'un sensualisme grossier ; le stoïcisme se réduisit à une morale solitaire : *Souffre et abstiens-toi*, tel fut son dernier mot. Ainsi les doctrines même qu'ils affectionnèrent ont dégénéré entre leurs mains.

Toutes les écoles se mouraient d'épuisement et de langueur ; une seule, échappée à ce dépérissement général, précipitait la ruine de toutes les autres. Le scepticisme, relevé au temps de César par Énésidème, s'était perpétué parmi les médecins de l'école empirique, et n'avait cessé, pendant le cours de cette période, de miner toute espèce de dogmatisme. Il détruisait l'un par l'autre le sensualisme et l'idéalisme, dont les exagérations lui donnaient ses armes les plus sûres. Il prétendait établir l'âme sur leurs débris, dans une impassible indifférence,

Tel était son but définitif : la suspension du jugement; le doute n'était qu'un moyen. Mais le scepticisme, en exigeant que toute preuve fût prouvée à son tour, pouvait bien désespérer l'intelligence : il ne pouvait la délivrer du besoin de connaître; il irritait au contraire ce besoin, et par là il avançait le moment où lui-même devait succomber. Le scepticisme n'offrait point aux hommes un abri; et, à part quelques penseurs isolés qui en firent le sujet de leurs spéculations, nous ne voyons pas qu'il ait beaucoup occupé les contemporains. Ils en subissaient l'influence sans en adopter les principes. A peine Sextus venait-il de rédiger le code du scepticisme, lorsqu'il disparut sans laisser de traces; tellement qu'à aucune époque le dogmatisme n'obtint un empire aussi incontesté.

Les sceptiques, en fermant à l'homme les voies rationnelles de la connaissance, ne prévoyaient pas où aboutirait leur entreprise. L'esprit humain, interdit par eux dans l'exercice des facultés auxquelles long-temps il avait eu confiance, fit une tentative qu'ils n'avaient ni prévue ni découragée. Il s'élança d'un vol hardi et prétendit atteindre à la contemplation immédiate de l'absolu. Dans l'histoire, comme dans les livres des théologiens, la logique a voulu que le scepticisme servît de préambule au mysticisme. Alors satisfaction fut donnée à cet esprit nouveau formé de l'alliance de l'esprit grec et de l'esprit oriental, qui essayait depuis long-temps de se produire sous sa forme philosophique. Le mysticisme, qui n'était encore qu'une vague disposition des âmes, pour la première fois, en Occident, prit enfin rang dans la philosophie, et vint compléter ce riche développement de l'intelligence humaine dont la Grèce a offert le spectacle.

Cette direction donnée à la philosophie la conduisait à s'unir avec un système de croyances religieuses. Mais deux religions étaient en présence : l'une jeune, puissante, pleine de hardiesse et de fierté, aspirant à un renouvellement, à une domination universelle; l'autre débile, vieillie, timide et honteuse d'elle-même, trop heureuse d'être protégée, et peu difficile sur les conditions. La philosophie, pour rester elle-même, ne pouvait passer de son consentement sous le joug du christianisme; elle retournait donc naturellement vers l'ancienne religion qui avait été son berceau, et qui depuis des siècles avait perdu la force de la persécuter. Le temps était bien loin où celle-ci avait pu dédaigner les avances de Platon. Il est probable qu'elle provoqua l'alliance, ou du moins elle mit à l'accepter le plus vif empressement. La philosophie dicta le traité. A compter de ce jour, elles n'eurent plus qu'une seule destinée.

L'Orient, qui débordait sur le monde romain, intervint dans cette union avec son cortége de mystères et de théosophies enthousiastes. Long-temps avant cette époque, il semble qu'il avait fait les premiers pas vers une conciliation de ses doctrines avec celles de la Grèce. Déja sous les Ptolémées le juif Aristobule avait revendiqué la sagesse de Platon et de Pythagore comme un larcin fait à sa patrie. Sous le règne de Claude, Philon d'Alexandrie soutint les mêmes prétentions qu'Aristobule. Il fit plus : il mêla le platonisme aux dogmes propres à sa nation et à ceux qu'elle avait apportés de la captivité. A la fin du second siècle, Numénius d'Apamée en Syrie entra dans la même carrière : *Platon*, disait-il, *n'est que Moïse devenu Athénien.* Telle était l'analogie de ses opinions avec celles des Alexandrins, qu'au premier moment ceux-ci furent accusés de plagiat.

D'autres faits encore avaient manifesté sur différens points de l'Empire le besoin philosophique de l'époque. Au fond de la petite ville de Chéronée, Plutarque, dont les écrits variés, confus et pleins de contradictions, sont le miroir fidèle de son temps, fait tout ce qu'il peut pour accorder ses souvenirs philosophiques avec sa dévotion païenne. Il représente pour nous cette espèce d'éclectisme capricieux, flottant et mobile qui, bien différent de l'éclectisme scientifique, n'avait ni la conscience ni l'empire de lui-même, et qui s'était emparé des hommes en l'absence de toute doctrine puissante. Apulée, à Carthage, avec toute l'ardeur de son ame africaine, précipite la philosophie au pied des autels, exalte la sainteté des mystères, et déja essaie de susciter au christianisme une puissance rivale. Enfin, dans Alexandrie même, un philosophe, nommé Potamon, prononça le mot d'éclectisme et entreprit de concilier les écoles. Le témoignage insuffisant de Diogène Laerte ne nous permet pas de juger sa tentative; mais le silence de tous les autres auteurs prouve au moins qu'elle eut peu d'éclat.

Alexandrie pourtant devait donner naissance à la philosophie nouvelle. Dans cette ville, sur laquelle planait le génie cosmopolite d'Alexandre, nous trouvons en abrégé tout l'ancien monde. Placée aux confins de l'Asie et de l'Afrique, elle touchait à l'Inde par la mer Rouge, à l'Europe par la Méditerranée. Là s'étaient donné rendez-vous tous les peuples, toutes les doctrines, toutes les religions. La munificence des Ptolémées y avait amassé à grands frais les productions de la pensée humaine, et de riches fondations y avaient attiré la science de toutes parts. Point de secte qui n'y fût représentée et qui n'y eût son enseignement : toutes les philosophies et tous les cultes de la Grèce, toutes les doctrines égyptiennes, juives, persanes, le christianisme enfin, avec toutes les variétés de la gnose, se déployaient sur ce théâtre et s'y disputaient l'empire des esprits : c'était une colonie du genre humain. S'il est vrai que l'avenir sorte du passé et qu'il en reçoive son caractère, cette longue cohabitation de toutes les sectes devait aboutir à une combinaison nouvelle et avoir pour fruit un éclectisme. Tel fut en effet le caractère de la philosophie qu'Alexandrie vit naître deux siècles après l'ère chrétienne. Je vous ai dit ce qui l'avait précédée. Vous savez dans quel état elle trouva la science et la religion, et en général quelles étaient alors les dispositions des esprits. De tous les élémens dont je vous ai parlé, voyons maintenant quels furent ceux dont elle se composa.

Avant tout, ce qui domine dans l'école d'Alexandrie, c'est le mysticisme. Le mysticisme est l'élément fondamental de sa philosophie; c'est à celui-là qu'elle subordonne tous les autres. Une opinion est par elle adoptée, ou modifiée en partie, ou entièrement rejetée, selon qu'elle agrée ou répugne à ce principe. Il lui sert de mesure universelle dans ses préférences et ses exclusions. Le scepticisme, qui est la négation de toute croyance, se trouve d'abord à ce titre écarté de plein droit. Son rôle est fini; il va se taire pour bien des siècles. Elle n'hésite pas non plus sur le sensualisme dont il est sorti; il est sacrifié sans réclamations. Le stoïcisme est abandonné à cause de son caractère pratique, et parce qu'un abîme le sépare de l'Orient. De tous les philosophes grecs, Platon et Pythagore étaient ceux dont le caractère religieux se prêtait le mieux à une alliance avec le sanctuaire et les théosophies orientales. La doctrine des nombres est ramenée à l'idéalisme platonicien ; et cet idéalisme, avec sa tendance contemplative, est adopté comme point de départ et poussé hardiment, de conséquence en conséquence, jusqu'à ses dernières extrémités. Tout ce qui dans Aristote s'accorde avec le platonisme est soigneusement recueilli et employé : le côté expérimental de sa philosophie, celui par où elle incline au sensualisme, est couvert d'un voile et dort dans l'oubli. En même temps les anciens mythes du polythéisme sont interprétés par une philosophie subtile, qui s'aide tantôt de la doctrine secrète des mystères, tantôt d'analogies empruntées aux dogmes de l'Orient, et s'abandonne souvent aux plus aventureuses conjectures. Les croyances de l'Asie, et surtout celles de l'Égypte, sont successivement adoptées et incorporées au nouveau système. Excepté le christianisme, qu'ils traitent comme une nouveauté sacrilége, les Alexandrins aspirent à ne laisser en dehors de leur symbole aucune des religions de la terre. Proclus veut être l'hiérophante du monde entier. Ce travail sur la mythologie ne fut pas complet du premier coup ; on ne cessa de le continuer et d'y retoucher pendant toute la durée de l'école d'Alexandrie. Il est ce qu'il pouvait être avec les préjugés des hommes qui l'ont entrepris, la faiblesse d'une critique qui existait à peine, et l'habitude déplorable, commune alors à tous les partis, de fabriquer de faux textes ou d'altérer les véritables.

Ainsi l'idéalisme grec, d'une part, de l'autre le mysticisme oriental, voilà, sous l'expression la plus générale, les deux élémens qui composent l'éclectisme d'Alexandrie. Il s'en faut que cet éclectisme soit impartial. On vous l'a dit à cette chaire : rien de plus exclusif que la philosophie alexandrine. Constamment attachée au mysticisme, elle n'admet entre les opinions que celles qu'il autorise.

Tout le système alexandrin s'ordonne autour d'une théologie qui en est le centre et la source. Dieu, et dans Dieu l'unité absolue, l'intelligence et la cause, ou l'ame du monde, pour emprunter le langage des Alexandrins, tel est le point de départ. Chacun de ces attributs de l'essence divine acquiert souvent dans leurs expressions, sinon dans leur pensée, une existence substantielle, et devient une *entité* distincte ; réunis, ils composent ce qu'on nomme la *Trinité alexandrine*. Logiquement, et dans l'ordre naturel, le troisième présuppose le second, le second présuppose le premier. Sans l'intelligence, la cause n'est plus qu'une force aveugle, mots contradictoires, chose qui ne peut exister. Sans l'attribut qui constitue l'être, sans l'unité, l'intelligence et la cause manquent de base, se dissipent et s'évanouissent. Cette antériorité logique, ils la convertissent en supériorité. L'unité absolue, voilà le caractère éminent du Dieu d'Alexandrie. Mais quoi ! déja l'intelligence déroge à cet attribut suprême ; elle implique au moins la dualité du sujet et de l'objet. La cause s'en éloigne encore davantage ; car elle tend sans cesse à s'épanouir au dehors dans la variété infinie de ses effets. La cause, l'intelligence, n'ont donc de valeur réelle que par leur rapport à l'unité absolue. Considérées sous un aspect opposé, elles s'abaissent et se dégradent. Si l'intelligence et la cause sont ainsi traitées, les phénomènes qui composent le monde visible sont jugés plus sévèrement encore : la création est déclarée une chute.

De cette théologie se déduisent, pour l'usage de l'homme, deux sortes de corollaires : les uns scientifiques, les autres moraux. Premièrement, outre les moyens de connaître que l'on avait constatés avant eux, savoir, les sens, la conscience et la raison, les Alexandrins en admettent un autre qu'ils déclarent supérieur à l'intelligence. Il consiste à imposer silence à la pensée et à la réflexion, à suspendre toute action de l'ame, à la ramener, comme ils disent à l'état d'essence pure et d'unité, pour n'écouter que l'inspiration et l'enthousiasme. Cette situation, toute passive, ils l'appellent tantôt unification, ἕνωσις; tantôt contemplation immédiate, παρουσία; quelquefois extase, ἔκστασις, et c'est le nom que la philosophie moderne conserve encore au même phénomène : car elle aussi l'a observé et décrit sans y attacher, bien entendu, la même importance.

La morale qui vient compléter ce système en est une conséquence fidèle. Le Dieu-unité étant la perfection même, le but moral de l'homme est de tendre à lui ressembler. Qu'il se sépare donc de tout ce qui l'attire au dehors, qu'il rentre en lui-même, ou plutôt qu'il se perde de vue et qu'il abîme sa pensée dans le sein de l'être pur. Tel est pour les Alexandrins l'idéal de la vertu. Ils en reconnaissent cependant une moins haute qui se mêle aux affaires de ce monde; mais ils l'admettent sous condition, et comme un degré pour atteindre à la première.

Vous prévoyez bien, Messieurs, dans quels égaremens de pareils principes devaient entraîner la philosophie. Le bon esprit de quelques Alexandrins sut parfois les contenir à peu près dans une juste mesure; mais trop souvent cette sobriété ne fut point imitée. L'ascétisme et la théurgie, c'est à dire l'art de commander aux puissances naturelles par l'emploi de moyens mystérieux, devinrent pour plusieurs grands esprits la principale affaire de leur vie. L'école d'Alexandrie, et c'est là qu'est son titre aux yeux de la postérité, comprend avec profondeur toute la philosophie du mysticisme; mais elle nous en offre aussi toutes les folies et toutes les illusions. Aujourd'hui, dans cet âge de la critique et de l'examen, nous sommes portés à traiter sévèrement ces extravagances; mais l'indulgence nous vient en étudiant l'histoire du temps. C'était une époque de foi; on avait soif de merveilleux, et le merveilleux répondait de toutes parts au besoin qui l'appelait. Une cause sans miracles était une cause perdue. Il s'en faisait dans tous les partis; malgré la violence haineuse de leurs que-

relles, ils s'attaquaieut bien moins sur l'authen-
ticité de leurs prodiges que sur le principe qui
les avait opérés : preuve certaine que la part
de l'imposture était beaucoup moins grande
que celle de la crédulité. Il y aurait donc une
timidité puérile à s'effaroucher des reproches
qu'on adresse à cet égard avec plus ou moins
de justice à l'école d'Alexandrie. Par delà cette
enveloppe de superstitions ridicules, il y a une
philosophie sérieuse et qui mérite qu'on l'étudie avec attention.

L'école d'Alexandrie appartenait tout entière à l'antiquité, et ne devait pas lui survivre.
Elle dura environ trois siècles et demi ; mais le
temps, en accumulant les ruines autour d'elle,
augmentait chaque jour la tristesse de ses souvenirs et de ses pressentimens. Elle s'avançait
vers l'avenir sans espérance, entre le christianisme et les Barbares, rêvant un passé con-
damné sans retour. Lorsque l'inutile épreuve
tentée par Julien l'eut convaincue de sa faiblesse, elle chercha son refuge dans le mystère et
l'obscurité ; dès lors, s'abaissant de plus en plus
au rang d'une affiliation secrète, elle n'eut plus
qu'une existence inquiète, menacée, entourée

de périls et d'alarmes *. Elle avait pris en main la cause de l'hellénisme, ou plutôt elle en avait fait la sienne; mais, peu à peu abandonnée par les peuples, réduite à une opposition solitaire, elle se retire lentement de la scène du monde, où elle forme comme l'arrière-garde de l'antiquité. Vous verrez les derniers Alexan-

* Voici comment Marinus raconte la première entrevue de Proclus et de Syrianus (vers 430). Son récit montre si bien l'état du paganisme dégénéré en société secrète, la situation de ces philosophes réduits à la condition précaire, aux défiances et aux précautions inquiètes d'affiliés, mais dont la fidélité à l'ancien culte s'augmente à mesure qu'elle est plus périlleuse, que nous croyons devoir transcrire ce passage. « Lacharès se trouvait en ce moment auprès de Sy- « rianus : c'était un homme nourri d'études philosophiques, « condisciple de Syrianus lui-même, aussi admiré comme « sophiste qu'Homère comme poëte. Le soir approchait, « et pendant l'entretien le soleil se coucha et la lune à son « croissant parut dans le ciel. Ils congédièrent le jeune « homme comme étranger, voulant être seuls pour adorer « librement la déesse; mais il n'avait fait que quelques pas, « et il était encore dans la maison quand la lune frappa sa « vue. A l'instant même il ôta sa chaussure, et ils le virent « saluer la divinité. Lacharès, frappé de la hardiesse du jeune « homme, dit à Syrianus cette parole de Platon sur les « grands caractères : Celui-ci sera grand dans le bien ou « dans le mal. » *Marini vita Procli*, p. 9. Édit. de M. Boissonade.

drins, victimes des représailles du culte vainqueur, finir dans l'exil et la dispersion.

Messieurs, j'ai essayé de vous retracer l'époque qui vit se former l'école d'Alexandrie et de marquer les rapports qui les unissent ; je vous ai présenté dans ses traits principaux la philosophie de cette école et un aperçu de ses destinées. Maintenant développerai-je d'un bout à l'autre cette esquisse rapide, qui n'est guère qu'un programme imparfait? Cette tâche est au dessus de mes forces ; l'idée même ne m'en est pas venue. Vous offrirai-je du moins une exposition critique des doctrines néoplatoniciennes, à partir du moment où elles naquirent jusqu'à celui où elles disparurent à l'entrée du moyen âge? Un jour peut-être ; mais cette année je dois renoncer à ce dessein. Au début d'une carrière longue et difficile, je ne saurais trop rapprocher le terme du point de départ. Je me propose simplement de vous faire pour ainsi dire l'histoire extérieure de l'école d'Alexandrie, de vous raconter, avec autant de détails que le permettent les monumens, la vie des philosophes qu'elle a produits ; de rechercher avec soin les fragmens épars dans tous les auteurs de l'époque qui peuvent vous éclairer sur leurs actions, vous introduire dans leur société, vous montrer dans quels rapports ils vécurent avec les chrétiens, soit avant, soit après le triomphe de l'église, et dans les alternatives diverses de leur fortune; en un mot, vous faire connaître les hommes dont plus tard nous pourrons étudier les idées. Quand tous les débris de l'édifice auront été rassemblés et que nous en aurons recomposé l'enceinte, il sera temps alors de pénétrer dans le sanctuaire et d'y chercher la pensée qu'y ont déposée dix générations de philosophes.

Resserré dans ces limites, le sujet sans contredit perd beaucoup en grandeur; mais il est loin pourtant d'être dépourvu d'intérêt. En y portant la lumière, nous éclairons d'avance l'histoire des doctrines; nous préparons une réponse à plusieurs questions qui s'y rencontrent dès à présent, ou qui se présenteront successivement à mesure qu'elle sera plus étudiée. Outre l'importance qu'il reçoit du but auquel il nous conduit, il fait partie intégrante de l'histoire générale d'une période à jamais mémorable. Nous trouverons l'école d'Alexandrie mêlée à tous les grands événemens du quatrième siècle, regardée jusqu'à la fin comme une puissance hostile par l'église chrétienne, et, tout le temps qu'elle dura, inquiétant le triomphe de ses adversaires. L'établissement du christianisme est un si grand phénomène, qu'à la distance où nous sommes il met tous les autres dans l'ombre. Cependant si, en dissipant sur un point cette obscurité, nous apercevons des hommes qui virent disparaître tout ce qu'ils aimaient, triompher tout ce qui leur était odieux, qui vécurent sans espérance et laissèrent leur mémoire à la discrétion de leurs ennemis, il est impossible que dans notre ame une vive sympathie ne se déclare pas en leur faveur, et que nous ne nous sentions la patience de chercher dans les vieux monumens les traces effacées de l'histoire des vaincus.

Messieurs, je voudrais donner à mes paroles de la vérité, à défaut de tout autre mérite. Je parlerai donc sur des textes. Dans les détails quelquefois arides où je serai obligé d'entrer, je ferai tous mes efforts pour ne pas décourager votre attention et votre bienveillance.

IMPRIMERIE ET FONDERIE DE RIGNOUX,

RUE DES FRANCS-BOURGEOIS-S.-MICHEL, N° 8.

IMPRIMERIE ET FONDERIE DE RIGNOUX, RUE DES FRANCS-BOURGEOIS-S.-MICHEL, N° 8.

9 782016 141755